Enrique Bravo Escudero

El dolor de las velas

Título: El dolor de las velas
Autor: Enrique Bravo Escudero

Portada y contraportada: Jesús Velázquez Jurado
Diseño de edición: Rafa Velázquez Guillén

ISBN: 978-84-09-30160-7
Edición en formato impreso: Abril 2021

La fuente de la llamada

No sabría señalar en el mapa

la fuente de la llamada,

tendría que buscar, al bulto,

las formas de los picos

cuando rompen las pendientes

y se encaraman, formidables,

sobre la mirada verde.

Es allí, donde los peces

viven en el barro caliente

de la falta de agua y de norte,

y ventilan el dolor por las branquias

de burbujas rojas.

Y si buscaras por el suelo

andarías sobre escolopendras

de cera que pican con veneno

de sexo imposible.

Y un regato verde,

entre las piedras,

reparte anzuelos gigantes

y ranas que muerden la magia

en el bostezo por la noche.

Y desde el cielo alguien te mira,

será un niño, desde el mundo

que le corresponde.

Y pensará, cuestión inevitable,

que alguien le está mirando

desde la misma luz

que, en parte, nos ilumina.

Y por la noche se levanta

el viento frío que tiembla

sobre las candelas

y las mantas,

construidas por las manos

que hurtan el dolor

y la aventura,

y en todos los caminos

están las huellas

de las huidas intentadas.

Están los árboles,

siempre secos, sedientos,

como un sueño frondoso

y de nieve,

pero no están quietos,

andan sobre piñas y bellotas

y rebosan, como espumas,

sobre las orillas de los riscos

y cuentan las historias

para que la noche salga adelante

aunque el tiempo,

embrión inmaduro,

no logre salir del antes

ni del después.

Y todo es un misterio,

no hay forma de saber

qué es eso de abajo,

o de arriba,

todo es cuestión de cómo se mire

y, sobre todo, de que el mundo

se quede parado de repente,

si le vence el sueño.

Es por eso que es preciso

encomendarse a la brújula

no del recuerdo,

perdido entre el sur o el norte,

sino del sabor del tiempo

y esperar que la luz,

o las palabras

traigan, otra vez,

las olas a la arena,

los árboles a las laderas,

las heridas a las historias

y el viento a las cometas.

El Quince

Es esa mañana cualquiera

en la que coges el quince,

el de la feria, el que lleva las flores

y las maletas de celos,

y desde allí a la estación —¿el Vialia se llama?—

ya sabes, donde los gorriones presos,

como las condenas que se rompen en humo

de estaño y esperas, que se te han llenado

de azul, de azul de los mares,

de reflejos y penachos blancos,

que vienen a ti cuando alargas las manos,

y aunque allí te espera tú lo esperas también

a lo largo de una vía que es una nueva partitura,

un tambor de corcheas,

un cañamazo donde enhebrar palabras otra vez,

y el olor de esa planta, la de las aceitunas

—¿cómo era?—.

Y todo se precipita hacia adelante

cuando rompes con la vida,

que pasa a ese mundo de derribo

de lo que no llegó a ser.

—Inojo, esa era— olor de tinaja

de barro y primavera.

Pero qué fácil es que se te llenen

los ojos de azul, y te tiña las lágrimas,

y aunque llores no se aclaran,

y se te incrustan en los sueños los cristales

porque sabes que están allí,

salados, vitales,

y saben más que tú, y que tu propia madre,

y lo mejor es que no te resistes,

solo pondrías algunos pinceles blancos

para la transparencia, digamos,

como en la acuarela.

Y dejarías caer el espíritu a los pies,

o dejarlo hundirse, como en este caso,

son los veinte grados, del Mediterráneo

y del Atlántico, y te quedarías

esta noche también, a la audición

del Gran Silencio, ese que no se prueba,

que seguro que es falso,

pero que llena de conchas y de arena

las sandalias falsas también, y sus pasos,

y los sueños que no se tienen

cuando, a gritos, en los salones en sueño

te lo dicen, en un azul que bate,

y es el tambor de agua

que dentro se hizo sangre

para que un día se reclame.

Cómo se te hizo tan azul

este afán de ser pobre,

este arte viejo y persistente,

por eso estás gordo

cuando se encarama a los genes,

ese reflujo que recoge

el espacio, los peces, y los dineros

cuando vienen, en su caso,

o si no, la marea se los lleva,

pero para eso se hizo el azul

y sus arrugas, para mirar el sol

cuando atardece por el Palo,

lejos, de arena como las sardinas,

con ese tiempo que se nos da,

o que alguien dejó pagado.

Como la luz o el agua

Son los cincuenta mil kilos

sobre un volquete que rebosa,

trigo que alimenta el corazón

de las palomas, y su desamparo

en las curvas del asfalto.

Los aceites de motores,

con grava y arena,

han creado un escenario

para que las gaviotas

se llenen las manos de barro

y, aunque no sea de trigo,

puedan saciarse de trabajo sucio.

Y cuando atardece

los brazos de las grúas,

los gigantes que mueven los sueños

de los papagayos verdes,

absortos en un contenedor

de color y muerte,

lucen de bronce por la luz de las farolas.

Y tendríamos que andar en cruces

los caminos de la vida

que se abren y se cierran

a golpe de camiones amarillos,

y de atmósferas blancas,

o verdes, o negras,

a golpe del filo de los lamentos

de los barcos

que saben que todo lo que ocurre hoy

mata o hiere,

que solo les salva

no haber estado ahí,

y no el amor o la distancia.

Y con el casco hasta las cejas

te sabes en el eje del peligro

del ladrillo, del acero,

de los cables y raíles,

del estruendo y los ruidos,

y acaricias la vida normal

dentro de los bolsillos,

y pisas los cristales rotos

que a nadie importan

y sabes que, si lo roto

fueran huesos,

tampoco sería lícito

detener los pasos.

Y ahora sabes,

como el dios que nos dejó

las manos primero,

y después olvidó la herramienta,

a la luz de la atardecida

contra las ventanas doradas de las naves,

cuánto cuidado debe tenerse

en elegir lo que se crea

porque, a la postre,

como la luz o como el agua,

encontrará la forma

de lograr belleza.

No ha de parar

No ha de parar,

el propio tiempo lo adereza

con el sabor a fuego

cuando pasa por la lengua,

y es la destreza del dolor

que el mandato divino

infunde en la naturaleza

de tierra, mientras que, a la vez,

nos deniega el agujero

que nos refugie de la extinción.

¿Pero no lo ves?

Es solo el tiempo que pasa

y estás vivo.

Es la luz que se acompasa,

tal vez algún ruido,

ya sabes, lo contrario de la muerte

es el sonido,

y bastaría despojarse

de esta condición, del escarpelo

que alguien nos dejó entre las manos

para culminar la creación

o para no dejarla tranquila,

y quedarnos en paz

sin tener entre los dedos,

segundo a segundo,

el barro del pensamiento y de la culpa.

Qué fácil es.

Todo está hecho, y basta.

Se dictaron, antes que nosotros,

las constituciones de la materia

y sus normas,

sin que al fuego se le pida cuentas

por lo ardido.

Y por eso, cada mañana,

o cada noche,

cuando el tiempo, o el aire,

o la tierra,

se arrastran por el ímpetu

y existen mirada abajo,

te encuentras impotente,

pescando en aquel torrente

con burdas trampas de lenguaje.

Que fácil sería dejar todo como está,

no intervenir ni con el propósito,

ser testigo como la roca que contiene

las olas sin empeño ni intención,

pero sería tanto como oír

una lengua extraña

en el idioma que tu madre te ha dado,

y es como la lectura

que, una vez aprendida,

te niega el derecho

a ver los signos sin sentido.

Por eso, para ser una roca,

un apoyo firme solo

para que el torrente que existe

no te lleve por los meandros del tiempo,

no basta con cerrar los ojos

y, cuando en la madrugada,

disputas a tus demonios

las migajas del sueño

entiendes que nunca descansarás,

ni aún al séptimo día,

para que los cielos y las tierras,

que existen bajo tu escrutinio

no puedan ser, nunca,

tenidos por no puestos.

20

Sobre el Aire

Es el Aire

butaca de las

Hojas,

tambor de decibelios y

átomo de

Música,

pálido impulso

de las esferas

que grita, nota a nota,

desde la prisión de las seis

Cuerdas

con las que la vida

ata el alma a su

Compás

—tran, tran—

acción que solo dos sujetos,

tres notas,

completa, como el

Amor,

endecasílabo heroico

que busca una rima

para vincularse a su

Estrofa,

espacio comprimido

donde sucesos alternos

—a b b a—

tararean las notas

de la Vida

que es eso que se gana,

a veces, y siempre

se pierde,

y se paga

con las monedas del

Tiempo,

evidencia o falacia

a la que una mano

nos ató un día

para alabar,

y no comprender su

Voluntad,

fuerza diríamos

o determinación

que ensalza el mérito,

pero que no es más

que el impulso

del mundo ciego

cuando golpea el

Pensamiento,

reflujo de la mirada

que pretende

dar nueva luz

a la materia

como, sin duda,

hizo un día

Dios,

presencia inerte

que se crea para ignorar nuestra

Mirada

vector que lanzamos

tiempo adelante,

a través de la falacia

y que ensarta

—capa a capa—

el aire que sueña.

Levante en calma

He soñado que el tiempo

me entregaba sus armas.

El aire se serenaba

en el viento de levante

que, habilidad divina,

sabe soplar en calma.

Y todo quedaba suspendido

en el suspiro, tal vez en la espiración

de una muerte interminable

que, a la postre, no puede completarse

con un tiempo detenido.

Es como el equilibrio

sobre el agudo filo del presente,

metal inerte que pierde materia

por el antes y el después

y por eso corta.

Y sabes que, aunque un sueño

es un juego de un solo instante,

es un momento de terror

ver al dios que todo lo impulsa

quedarse, perplejo, sin viento,

y el dolor que me hizo,

o el amor que no hallé

todo queda en silencio,

no como pompas de jabón,

sino como hoja de papel

que, en su línea de perfil,

ha perdido la escritura.

Y qué decir del otro dios,

el que se ocupa del deber,

del dolor y de la angustia

que, extinguido el tiempo,

escapa de la escena

por pérdida de objeto.

Es un suspiro único,

no es el mundo lo detenido

sino el tiempo mismo,

y hubiera sido supremo

elegir el mejor instante,

tu mirada océana, acaso,

y anclarme ahí, para siempre,

palabra que condensa

un futuro sin sentido,

pero es el tercer demonio,

el de los sueños,

el que rompe las normas,

quién nos impone el momento.

La misma materia

Es esa misma materia que hierve

si el vapor se le hace

en las entrañas,

y se tensa en el espejo

cuando el frío le atenaza.

Y por las mañanas,

en la amanecida,

se eriza de rojo y verde

como el sueño

en las pestañas.

Es la misma materia del estanque

cuando captura la imagen

y, entre las hondas,

bracea con la mirada.

Es la misma frontera

de la apnea,

la vida contenida

en dos minutos

previos a la inconsciencia.

Es la línea que separa

el mundo sin sueños

y los sueños sin mundo,

que corta y lamina

las vidas que no fueron,

los días, las tardes y las noches

que, sin el foco del tiempo,

quedaron sin espacio y sin palabras.

Mañana más

Como el platero

tengo el punzón

enredado en el surco

de tu voz.

Son las horas

que vuelven

del secuestro del tiempo

y, cargadas de vida,

toman los vagones

del tren del reloj

hacia el vertedero del pasado.

Otras veces lo dije,

hay mil razones

para la enajenación

y el olvido,

para dormitar

en el hastío

y el asco

de las puertas,

explorando la mirada

en el páramo cansado
del salón de la tarde.

Es así porque hace ocho horas
que entregaste la sangre,
dejaste las armas
manchadas de rojo
de sudor y pan,
para que el filo de la noche
vuelva a cargar de palabras
las garras del sueño.

Mañana más,
será otro día,
y otro martillo
sobre el surco de plata,
y otra zanja
de la misma huerta,
y una nueva tentación
de crispación y golpe.

Y tendré que recrearte,
jornada mediante,
obstinado orfebre,

en el varal barroco

del pensamiento

que irrumpe

cuanto más duele.

Acerca del Fuego

Sobre la pantalla de los párpados

bailas sobre los ojos,

Fuego del verano,

repique o tambor

de lluvia roja

sobre la

Arena,

cuna de libertad

bajo los sentidos desnudos,

como las piernas de la tierra

para soñar, piel con piel,

que eres libre, y salvaje,

como tus

Pies,

ese diapasón que elige

a qué lado debe marcar el son,

voluntad ciega

que solo sabe

con quién quiere ir

y por eso es certero

como el Sol

que, como se dijo,

todos los fuegos el Fuego,

invoca el hogar, la ira,

y la resurrección

de la Madera,

resumen de tiempo

y vida

que la intemperie y soledad

construye

para contener el calor,

o el dolor de los

Mediodías,

noche de luz

para que venza el imposible

Sueño

de las tardes de plomo,

tiempo de pantano

y chapoteo

que entona,

febril y lento,

el persistente recuerdo

del Vino,

nuevo fuego y apego,

redención arrebatada

de llama oculta,

porque todos los deseos

son el Deseo,

y, allí nos encontramos,

desnudos en el fuego,

como antes o como siempre,

y no sé si es el recuerdo

o eso que llaman la verdad,

y que no es otra cosa

que una memoria

que, como la madera,

soporta, por última vez,

la urgencia de las llamas.

El descanso

Es domingo por la tarde

y por el torrente del sofá

desemboca, libertad abajo,

el tiempo que, lleno de lodo,

se va poniendo turbio.

Y la trampa del pensamiento

cobra el anticipo de los dolores

y los quebrantos

que han de venir,

noche mediante.

El viento manso

y la luz templada

se toman su descanso

y soplan ambos

distantes e irreales.

En las esquinas

los fantasmas

afilan sus garras

y, ya se sabe,

también sufren

la falacia de la pausa.

El tiempo se ha parado

para que Dios toque sus campanas

y nos deje, conscientes,

perplejos, ante el frío

de la existencia.

Y para ello dejó

fuera de nuestro alcance

la pócima de la acción,

y el calor de la herramienta

para que, en abstinencia,

imaginemos el retiro

—la divina morada—

como la cuenta a pagar,

la lucha futura

y los milagros

que nos asigna.

Y si es cierto

que Dios descansó

—al séptimo día, se indica—

es crueldad suprema,

o intención fútil,

hacer descansar

a toda la creación pendiente.

Para no pensar

Hoy, para no pensar,

me he sentado

ante la atardecida.

Es todo ese azul

apelmazado y frío

que ha elegido estar ahí

sólido y dormido.

Y siento que él también me mira,

y que conoce su química

sin que yo lo diga.

Y, además, cambia de color,

y el azul se vuelve cárdeno,

y violáceo, y teje el tapiz

negro que coserán los barcos

con las puntas de luz de sus agujas.

Y luego será otro día,

y será rojo,

y tejerá una escala

sobre las nubes,

para que la mirada

suba a los cielos

como aquel día

en que nos vimos.

Y, magia de la geometría,

siento que, en otro momento,

en otros amores,

en otras tierras,

o en vidas no abordadas,

un sol certero

me atardece por la espalda,

sin mirarme a la cara.

Por eso, ante la atardecida,

con la decisión ciega del agua,

intentas no añorar

lo no vivido,

como si este horizonte

que la bahía ha recortado

te diera sus frutos

y te negara, para siempre,

los caminos no tomados.

El dolor se da un respiro

El dolor es la llama introvertida

que se encela con la carne

y, a duras penas,

como luz de agua,

remonta de los rescoldos.

Hoy se ha echado las manos

a la cabeza

—está cansado, y todo se muere,

como la tarde—.

Y para ajustarse bien

ha renunciado, día a día,

a la capa de musgo

bajo los dedos de leña.

Es como descansar

bajo el techo irremediable,

no para que el cielo ya no hiera

sino para que nada salga,

un sueño lento

que repara,

el momento de pausa,

en un ajuste de cuentas,

antes de seguir pagando

las heridas del camino.

Y puede ser una fogata,

si lo vemos desde fuera,

el dios de la llanura

que, sobre su manto,

bendice todo

de polvo cárdeno,

pero no es ya oración,

eso quedó atrás,

cuando en la soledad de la marcha

nadie atendía.

Con las manos sobre la cabeza

—solo con un ruego:

dame un minuto—

el dios espera una llamada

y el dolor se da un respiro.

Un juego de prendas

A día de hoy no sabes

si es pereza, o el rescoldo

del dolor que sigue durmiendo,

o acechando como el monólogo

de una sola voz, pero fue aquella canción

la que te dejó caer sobre la luz

del pasado.

Y como se ha de ver

es la mezcla de todo lo vivido

y, sobre todo, las sombras

de lo que eludiste,

del viento de la materia

que pasó de largo

o te rozó la ropa o la piel,

dejando tras de sí el rastro.

Y como siempre se ha de decir

no sabes si te gusta

—he ahí la falacia,

el pasado es lo no sucedido—

pese a que la memoria hace su sordina

sobre las aristas.

Pero no tienes que mirar muy lejos

porque es la argamasa que sostiene

sobre tu cabeza

las breves cuadernas

con las que sujetas el refugio del tiempo

y, pese a tus esfuerzos,

sabes que la fotografía no existe,

y todo se precipita, discurre, cambia

y duele a cada paso, como la mirada.

Cómo puedo ser, te preguntas,

cuando el pasado cambia a cada paso,

y se derrama sobre todo lo que no fue,

como un juego de prendas,

en el que, día a día, fueras entregando

tus cartas, los hijos que no tuviste

y las mañanas que no despertaste,

y las personas que no quisiste,

como si existir fuera descartarse

de todo aquello que te pudo hacer.

Y como dios inverso

sientes perder materia y esencia

como una erosión del tiempo,

una caliza que el agua

modela, desgasta, desnuda,

una pérdida de volumen

a golpe de oportunidad

y, he ahí el dolor,

sabes que no nos fue dado

ser dos veces,

o elegir sin perder lo decantado.

Y por ello no sientes tanto lo elegido

como todo aquello que no conoció,

ni siquiera, la oportunidad de extinguirse.

El estadillo de la tarde

En la parada del siete

la punta de la bota

al final de tus piernas cruzadas

era el visto bueno

en el estadillo de la tarde.

La parada del siete,

la vuelta a casa

sobre gomas de vidrio

que cicatrizan las heridas

cuando se hacen,

y es el tiempo

que se pasa, Dios mío,

por qué elegiste un camino

cuando se pierden todos

con la única coartada de ser libre.

Y todo está ordenado:

el verde del semáforo

y la mirada de golondrina

que abandona el nido,

y la marca en el estadillo de la tarde

de tu zapato,

sentada en la parada del siete,

balanceando el tiempo

mientras esperas

a que el curso de los hechos

te conduzca no a cualquier parte,

sino ruta adelante,

hito a hito, nota a nota,

una canción u otra, tú verás:

la estrofa de una vida

y, tal vez, los versos de unos hijos,

y el tiempo que se acelera

para, al final, burlar la memoria

y por eso hoy

como otros días,

estás sentada ahí,

en la parada del siete.

Todo está bien,

volvemos a casa

y el Sol se pone por poniente,

y el semáforo verde

que, como dijimos,

dejó atrás tu imagen

sentada, certera,

como la marca de visto

sobre el descanso de la tarde.

La fuente del paseo

Alguien la condenó

a la perpetua limpieza.

Es la fuente fría

donde me estremeces

cuando por aquí paseo

con los zapatos

de dos continentes,

esos que, cuando los sacudes,

te dejan de pie

sobre dos mares

y un universo.

Y podría recordar las lenguas

que perdieron los abuelos,

y si pudiera sacudirlas

también, las lenguas digo,

quedaría otra vez solo

frente al gran silencio.

Y oír el rumor del cornezuelo

comer el corazón a las palmeras,

el hambre del sentido

que labra ronco el agujero

y lo deja así,

ante un presente de vacío

y un pasado

que es el timbal del tiempo.

Y así podría entregar

el tiempo al espacio

para vivir aquí

las velas de la conquista,

el azul de los vapores

y su aliento triste,

el respirar del vino

y, lo más difícil,

el día que me quisiste.

Pero sé que, como siempre

no iré más allá de las copas

de los plátanos.

Jugará mi sombra

con las sombras

como los niños con la arena.

¿Por qué será tan presente

la luna redonda?

¿Por qué nos confina aquí,

con las luces de ahora

como si todo aquello,

las olvidadas lenguas,

las palmeras que cayeron,

las velas y el viento

que respiraron,

las tardes que vivimos

frente a esa fuente

nunca hubiera pasado?

Qué extraña maldad

No tendré que olvidarte

ni aún para evocar tus sueños.

Tu aliento dormirá por las mañanas

sin que nadie lo sepa.

Vendrán las nubes del otoño,

cambiará la luz,

barrerán las sombras

el verano de la piel.

La risa de los niños

lloverá en los patios

sin que yo lo vea.

Así será porque yo quise

o porque así pudo ser,

serás tiempo tenido por no puesto,

sobras de espacio dejadas a un lado

sin que, como Dios,

en su eternidad,

deba tenerse todo en cuenta:

las vidas elegidas

y las que pasaron de largo.

Qué extraña maldad,

cuando lo construimos

brizna a brizna,

viga a viga,

el impedirle ignorar

las acciones no emprendidas

y, con ello, ese deber de cargar

no con nuestras culpas,

sino con las historias no vividas.

Sobre la tierra

Eres tierra

cuando soportas el surco del

Arado,

escarpelo, o pincel,

fonendo de arrastre

que arranca los ecos

y deja la Voz

que no es lamento,

porque es de muchos

y de tiempo sin

Memoria,

fósil que ha perdido la forma

y por eso quedó libre

de la carga de la existencia,

como una libertad desmenuzada

que se lleva el

Viento,

lija erosiva

de todo lo que a la tierra llega

como conglomerado efímero,

trozos de espíritu

que solo aspiran a ser suspendidos,

conforme a su

Naturaleza,

ciclo inacabable

y orden establecido

a lo que todo

se acomoda,

como aquel dios

que decidió ser negligente

para que todo pudiera

seguir su curso,

y las plantas,

y los hombres fijar sus

Raíces,

notas en las corcheas

del pentagrama del tiempo,

compás de una existencia

que toma y rinde las cuentas

en la misma Materia,

que solo es tierra

cuando, transformada,

se suspende

—pensamiento, vida, palabra—

en manos de un Dios incierto,

que un día le dio forma

y, desde entonces,

ha de mantenerla

contra el tiempo

y esa nada

que, como se dijo,

es Polvo,

y es sentimiento de frontera,

semilla que no pesa,

relato o sueño

sobre el lecho de la tierra.

Esquina abajo

Es la esquina de abajo, desde mi azotea.

Desde las farolas

cuelgan las cinco de la mañana,

como musgo de tiempo

donde el sueño arriba.

En verano, por el paso de cebra

los niños, cogidos de la mano,

cruzan con flotadores

para la playa:

tres colores

del lápiz del hundimiento.

¿Por qué los ves tan distintos,

cuando sabes lo que están viviendo

y, en realidad,

son tu mismo niño

que ve el mundo redondo

con los ojos enormes?

Y es porque tú ya sabes

que aunque floten tres veces

la vida se llevará su parte.

La esquina también tiene

los surcos del arado

de la sangre,

fue aquel accidente, ya sabes,

una sombra de dolor

lejano solo en el tiempo

pero, como dolor, eterno.

Y las sombras responden

vigorosas y con relieve

contra la lluvia de sucesos

en los mediodías de fuego.

Tan alta es la alfombra

que, en la madrugada,

soporta el peso

de los pasos de los fantasmas,

cuando callan, pasan y miran

los salones en sueño.

Y es siempre la luz

que, como se dijo,

refulge en la punta de las lanzas,

la que tuesta y dora

los verdaderos cuerpos,

los de las marcas

y las huellas

del dolor, de la espera

y de la vida,

cuando, calle abajo,

en la mañana temprana

arrastran su peso

hacia la arena,

y se acomoda a ellos,

como un molde caliente

que vuelve a cocer la tierra.

El timbal de dos tiempos

Será el timbal de dos tiempos,

el martilleo binario

que abre la tierra

con borbotones de arena caliente

para trepar donde el viento

con los pilares secos.

Y todavía no está mostrado el propósito

pero ya se construye la idea,

la cuadrícula de hormigón,

la captura del espacio

y el sueño de los ángulos

como manos de dioses,

alfareros de tiempos lejanos

que, varios génesis después,

siguen jugando a lo mismo.

Y el aire de poniente, o el de levante

errantes ahora, antes libres,

vagan por los espacios,

por las ventanas trazadas,

a punto de olvidar el terreno.

Fuera espera el espacio paciente

que siente el lazo que se estrecha,

hasta quedar atrapado

—vidrio, arcilla y acero—

en el temido día

en que alguien cierra la puerta,

la mañana intenta entrar

y la noche se queda fuera.

Y sea el calor que se escapa

o el fuerte que protege,

la puerta que se cierra

rompe el hilo entre los dos,

en un lado la tarde,

el espacio oscuro,

los secretos de sal del viento,

y en el otro, el refugio

y sus fantasmas.

Ya digo, es el mismo juego

de cerámica del creador,

un nuevo génesis

de adanes y costillas

para crear un universo,

entre cuatro paredes,

como ese Dios que, entre cuatro vientos,

tropezó con los límites del tiempo.

Y, aunque descansando al séptimo día

—como dios menor, alguno más—

dejaré ver que fue bueno

todo lo amasado,

las costillas, las tierras,

los mares y los cielos,

y mis evas, y los adanes,

aunque para ello tuviera

que romper, acotar, confinar

el sueño infinito,

el tiempo continuo

y el espacio inclemente.

Grava abandonada

Lejos, muy lejos

de las miradas del Dios cierto,

en las montañas

y, entre ellas, entre las marañas

de las zarzas,

donde el viento dispersa

los troncos y los recuerdos,

acogido acaso

entre las piedras,

al calor de la madera,

sentiré que el tiempo ha pasado

de largo y que, a fuerza de cotidiano,

he alcanzado,

en la mañana de tregua

—beneficio del olvido—

no la eternidad

—noción confusa—

sino, como las llamas,

la licencia para el movimiento perpetuo.

Y para ello habremos de ocuparnos

de los exorcismos ya conocidos,

el café de la mañana,

y los versos de Machado,

y los abrazos que nos integran

y las tareas, y el aire diario,

y hacer como si todo esto

fuera para siempre,

sin relieve, irrelevante,

fuera de las manos

y la atención del estilo

de los puntos finales.

Es el sueño de salir de la historia

y eludir su desenlace,

secundario personaje,

fugaz, mimético, esquivo,

que solo aspira al olvido.

Seremos longevos,

no como el mármol cincelado

sino como la esquirla descartada,

grava abandonada en el arrabal

de los campos del olivo.

El sueño

Esa noche, con la luz

de la luna redonda,

me desprendí de mi sueño

y, como un diablo cojuelo,

dígase así, para no invocar

cuerpos astrales o fantasmas,

más aceptables y menos ciertos,

pude contemplar,

fluido único,

presencia múltiple,

las casas y sus dueños.

Y la luz los encontró dormidos,

en su mayoría,

ausentes de la vida,

apartados, por unas horas, del tráfico,

aunque no del dolor que, como el agua,

se filtra en el cemento del sueño.

Y allí, entre los muebles,

a la luz de las farolas

amarillas, renqueantes,

rotas o reparadas,

como las vidas,

es posible imaginar

los miedos de los que el sueño huye,

y la emoción, el amor sobre todo,

en el que descansa y se refugia.

Y habría que ser la misma luz

fría de la luna redonda,

para no compadecerse,

indignarse,

clamar o resignarse

o invocar las mil voces

de la resistencia

porque, es así, ahora

todo esto está pasando:

muchos mueren

todos sufren

o gustan el sabor dulce

del tiempo en las cocinas.

Es el mismo dios pequeño,

el de las fábulas y las quimeras

el que permite

la breve tregua,

el que vigila las noches,

para que este tiempo

que vivimos

no sea tenido por no puesto

y, a la postre,

permite el sueño

como esa indiferencia

ante el dolor y la vida

de todos, de uno mismo,

pasados o futuros.

La Calzada

67

El invierno se tiende

sobre la Calzada

con pasos de albero

sobre las cuadrículas,

pinceladas rectas

que ponen cara a cara

los dos mundos:

allá el mar,

aquí nosotros.

Qué corta la vida

y más aún sus rescoldos,

cuando la mirada peina,

en el azul anfiteatro,

las cenizas

que ya nadie recuerda.

Y diríamos que reposan,

simple palabra de agua,

porque lo que ha existido,

o pensado o vivido

no reposa, aunque haya perdido,

como todos, su sitio

en la memoria de todos.

Y por qué es tan frío,

si es tan vivo,

cuando el aliento del aire

emboca Calzada arriba.

Es el frío de los bocoyes

que ha encontrado el paso,

el de tierra adentro,

y por eso te han de doler

los huesos

como si fueran nuevos.

Por más señas diré

que es la esquina

de las dos desembocaduras,

la de las almas que ruedan

desde el Barrio Alto,

vida abajo,

y la otra, la de los barcos

las velas y sus barros,

que navegan ese río

que nace del inicio

de los tiempos,

y por eso esa agua

que no es turbia de lodo

sino de sentimiento.

Y por eso, en las brumas

de la atardecida,

con las manos en los bolsillos

y el alma prendida muy lejos

no sé si busco o encuentro.

El vapor

Es el vapor de Melilla,

y las cinco de la tarde

recortando de blanco

el azul del horizonte.

Qué fácil soltar la cincha

del espacio

para que la del tiempo

ate, por error, el dolor

al lugar donde nació

o se hizo.

Basta con ello

romper una sola de las cadenas,

la del espacio,

para dejar atrás las voces,

y sus ecos,

las que tomaron el filo

que hiere o mata.

Por eso, cuando el vapor

se encarama al horizonte,

rumbo a Melilla,

o al otro continente

quisieras desplegar,

tú también,

el pañuelo blanco

porque a nadie conoces,

o la flecha del mensaje

certero a su electrónico centro

—te quiero, no te olvides—.

Y el vapor se balancea

sobre la línea azul,

a lo lejos, a punto de caer

al abismo plato adelante.

La distancia es esférica

y plano el olvido.

Y, espectador sediento,

has de preguntarte

por qué despides al vapor,

o por qué quisieras

surcar con él la luz nueva,

como si todo aquello

que sale o llega

fuera una presa a la que acechas

o un islote para la huida.

72

Es pequeña la porción asignada

e infinitas las vidas,

posibles o pendientes,

y por eso, con su pañuelo blanco

de vapor,

en la lejanía,

ese barco, como tantos,

se despide de los tiempos

que no viviste,

y los mundos

que te fueron ajenos.

Pero si he de optar

entre la porción cuántica

de Universo

que me ha correspondido

y todos los mundos

y todos los tiempos,

pasados y pendientes,

que a Dios se le asignaron,

señalaré que he de ser libre

de perder todo lo no elegido.

El torpe empeño

Llamó, y repitió

—061, dígame—

pero no encontró remedio

ni intercedió Dios.

Llegó tarde

la ayuda,

la ayuda que siempre llega

tarde porque el tiempo

ganó el paso a la ocasión

y reclama su parte

sobre el torpe empeño

de los hombres.

Y si Dios no asistió

que la razón, cuando menos,

venga y me asista.

Y los torpes actos

de tres páginas, suficientes

para sumar la deuda

—señor Juez—

la que todos deben a alguien,

la que llaman dinero

pero es razón

de pedir, y propósito

y vida pagada.

Y todo es el coro

del hambre, de afanes

que buscan su día,

un mar que es uniforme,

pero distinto,

parte a parte.

Y si distingues

las voces de los ecos

—como el poeta—

podrás imaginar

que todo aquello,

las leyes y sus inclusiones,

sus hologramas,

prestos a llenarse de vida

por el horror al vacío,

son solo el rumor

de la calle,

de la espera y el desamparo.

Y es solo ruido,

que no lenguaje,

porque así como

la ley no ampara

el abuso del derecho,

esa creación de palabras

sin cosa,

esa orfebrería de términos

que llaman

a lo que solo existe

en los sonidos

es un abuso

que ni el mismo Dios,

que, como se dijo,

aquí no nos asiste,

se permitió.

Perdonen si no me descubro

Perdonen que no me descubra:

no es la pandemia

es que es mejor que se imaginen,

de nariz para abajo,

qué sonrisa corresponde

a estos ojos trastornados.

Llevan razón,

en algún momento se me quedaron

estos ojos con espanto

y, créanme, hago lo posible

por aquietarlos

pero se empeñan,

será cosa de los cincuenta,

en saber siempre qué hay detrás.

Eso nos pasa

a los que nos refugiamos,

ya hace tiempo,

en tierras de desembocadura

y, por eso, no distinguimos

bien las voces de los ecos,

todo nos parece verdad, o mentira

—es cosa de si son dos o tres

las copas de vino—

y no sabemos si tocar la guitarra

o las tormentas del Levante.

Y cuando no, bebemos

de aguas limpias y turbias,

chapoteamos en los lodos

y buscamos un verso

de los antiguos

que el tiempo dejara olvidado

en los sedimentos.

Nací tizón frío,

negro de sol y barro

y terminé, por lo menos

un par de veces,

roto sobre la arena,

como los pecios de los barcos.

Y por eso, tierra adentro,

en el destierro,

me calafateaba

el pensamiento con alquitrán

y carbón quemado

para seguir flotando.

Y por eso sobre la piel

nunca sabré si soy negro

de luz, de tiempo o de lodo.

Ya les digo,

me quitaría la máscara,

pero debajo encontrarían

otra, y otra después,

como esas mareas

que unas veces dejan

la arena caliente

y otras se enredan

en penachos blancos.

Septiembre

Esta mañana,

en el pueblo,

las olas de la sierra

rompen allá abajo

con espuma de encinas

y algarrobos.

Y todo se mueve

si entornas los ojos,

y dejas que la falacia

te arrastre

hacia el fin de los sucesos.

Como el alma fría de la cal,

todo está quieto

y, a veces, muerto.

Se alumbran los destellos

de los coches

en las carreteras

de los montes,

un arañazo apenas

en el pulso

sinuoso del pensamiento.

La fuerza sobre el medio

se decantó muy lejos

y aquí quedaron pocas cosas

y mucho tiempo:

la plaza de la Iglesia

donde Dios dejó escrito,

en madera y azulejo,

piedra y esquina,

el arado que rotura

el campo inacabable y lento.

Y no es cierto que todo repose,

es que el tiempo

se ha vuelto espeso.

Y todo se desenvuelve

hacia su fin

sobre la mirada amarilla

de los gatos

y los gallos que rompen

las mañanas del horizonte.

Y si pudiéramos,

dotados de gafas de eternidad,

veríamos correr los riscos,

emerger y desplomarse

tiempo adelante,

y las motas de los pueblos blancos,

que duermen ahora

un sueño inacabado,

crepitar como un leve tintineo

que nunca hubiera existido.

Pero entretanto,

lejos de la maqueta

que los humanos hicieron

en la ciudad

para comprimir los hechos,

la espera se hace

tan larga, tan sólida,

como si el espacio

fuera así, lento

o estático.

Café Central

Allí hay un azulejo que dice

que no te ponen café,

o si te lo ponen,

con sus apellidos, y su nombre,

y es nube, o es mitad,

o es largo o es sombra,

como todos los caminos

que allí acaban,

o los que empiezan

y se disparan,

como los ratos no vividos

o los amores no cumplidos

o el vino que no encontró

ni los pulsos ni su trago.

El tiempo, azul,

trepa calle arriba

desde el mar,

y entra por la puerta

cargado de voces

y de américas,

y se enreda de tintas

y de letras,

en el papel,

en una vela,

en la herida roja de una servilleta

donde cada mañana

todos ponen su beso

y callan cuánto quisieron,

cuánto callaron

para guardar la paz

la quietud, y el pan.

Y por eso veremos

cómo se pasa la venda

por la herida,

apósito de tiempos

pioneros y ya sin vientos

que viran a sepia,

y te preguntas

por qué en la fotografía

caíste al otro lado del doblez.

Es por eso que el sorbo del café,

nube, sombra, o largo,

esto es clave,

te ha traído, otra vez,

el dolor de las velas

cuando se tensan al viento

desde el pasado.

Qué gran momento

ahora para la atardecida

y, si es primavera,

será el azahar

la máquina del tiempo

y, si verano,

el alma de las viznagas

sobre el remanso.

Y pensarás,

como dijo el poeta,

por qué callé aquel día

o, por qué no hablé yo

o qué marea se llevó

las piedras y te dejó la arena

para inventar la orilla.

Cómo habré llegado aquí

Cómo habré llegado aquí,

este es el momento

en que acaricio un cuerpo

que no es el mío,

primera vez,

y nuevo propósito.

Y puedo decir que me falta

el aliento, pero no el hambre,

y llueve sobre mi cabeza

las palabras del verbo divino,

y las de mi madre,

pero es tiempo de escribir

en la pizarra del tiempo

todos los compromisos

que, en realidad, vinculan

más que el aire que respiramos,

y compartimos, y batimos,

como palabras crudas,

de boca en boca.

Pero sabes que obedeces otra voz,

algo que no está en la cabeza,

que es el mundo que gira,

y la flor que resiste,

y el olor de los jazmines

cuando, por la noche, hacen el verano,

y que no tienes nada que decir,

que es como la ola que rompe

y reduce a sedimento las rocas

más fuertes.

Y te rindes, y mientras lo haces

sientes el placer de los océanos,

y no merece la pena,

no cabe resistir al aire o a las olas,

ni a la Luna,

pese a que están tan lejos,

y presentes sobre la piel.

Quisieras, tal vez, porque eres así,

preguntar por los términos

del contrato, pero solo sabes,

que, en letra grande,

solo dice que amarás siempre,

y sabes, sobre todo, que eso es mucho

tiempo, y mucho esfuerzo,

y, sobre todo, mucha erosión.

Y, ¡oh, Dios mío!

Están tan definidos los pasos,

y las idas, y las coreografías,

y los suspiros,

es el mismo baile

de la inundación por las ramblas,

de las lluvias de septiembre,

la venganza azul

de la piel en las nubes del otoño,

persistente en el derramamiento

de la sangre.

Sabes, ahora que tratas de pensarlo,

que usas con la cabeza,

la herramienta inconveniente,

como si pretendieras con el martillo

incandescente golpear las caricias,

y tal vez, aunque no sepas,

sea mejor dejarse llevar

como si flotaras sobre las olas

lejanas y que todavía no conoces.

Son las mismas esferas celestes,

esas que ahora escuchas

las que comprimen todo hacia el horizonte,

muy lejos, donde no queda

el humo de la duda,

pero sabes que son los mismos campos,

los mismos fuegos donde ahora

te consumes, sin espacios,

piel con piel

y, tal vez, lluvia a lluvia,

no es que digamos sin resistencia,

sino sin la posibilidad de la misma,

con la alevosía de la naturaleza,

y esa trampa de las palabras

que llama amor a lo inevitable,

y que es el mismo torrente destapado

cuando, con el agua fría

y el abrazo, hace la bóveda

verde sobre el amarillo de los campos

El barro entre los dedos

Atravieso el puente sobre golpes de vapor

mientras, abajo, las carpas asustadas

respiran su propio miedo y las medusas blancas

de los barcos que un día vinieron de América

y hoy arañan los abrazos de la tierra.

Todo trae su recuerdo, los suspiros de los coches

sobre la misma manta negra que roba tus pasos.

Y sobre el puente piensas en el amor perdido

y el que no pudo venir, y sobre el futuro que es tu casa,

porque el presente niega hoy y ahora

la sal, y el azúcar, el amor y las caricias.

Y es por eso que la mirada antecede a los pasos

si quieres mantener los dientes íntegros,

y ya sabes a dónde te llevan,

aunque no sepas si mandan

los pasos o su propósito.

Y desde la margen izquierda sabes oír,

porque ya eres viejo,

lo que las partituras del agua

del mar lejano y de las salinas

cuentan, y los caminos que te abren

y las mil maneras que las anclas conocen

para sujetar el barro entre dos dedos.

El que cruza el puente es un náufrago

en busca de su tempestad, y de su barco,

alguien que elude el riesgo

y la aventura, y saltaría por la borda

a disputar a las carpas el botín de tu presencia,

si con ello pudiera sentirte jalar

del mismo cabo y del otro lado.

Y la renuncia no es otra cosa

que guardar ese disparo

para otra ocasión,

y acumular la pólvora

para la siguiente cordada.

Y afrontas desde arriba

la mirada verde del agua

sobre mil ojos de los peces,

y aceleras los pasos sobre el puente,

y no sabes si seguir la ruta

que te ha de llevar al otro lado

—a la vida probable—

o al ancla del deseo

que te conduce al fondo,

si guardar ese único

disparo de vida a bordo,

mientras achicas, golpe a golpe,

el agua del tiempo.

Y ya sabes que muy grande

ha de ser el destino, o el continente

que ha de recortar,

con las tijeras del mapa,

esos contornos del hambre.

El dolor de las velas

Es el verde desembocadura

el que resume la lluvia de los pinos

y el dolor de las velas,

desgarro del horizonte,

sarmiento blanco que clama al cielo

y trae el amor en sacos

de sal y espacio.

Allí nos vemos,

donde ahora rompen las olas

y es el recuerdo de las almejas

cuando remontan los pájaros,

o, tal vez son los sueños

esos, los que nos hacen

y nos transportan

detrás del muro de las pestañas

los que nos remontan.

Qué conveniente sería desplomarse

sobre las manos de la arena,

para ser tocados, y navegados

como océanos cóncavos

con la vela que, sobre el viento, aprieta

y es un apoyo vano,

un ancla que derrota

y desconoce, ahora,

la fecha del impulso

o la vuelta al pensamiento,

para que los dioses que pasan,

los que aventan los fuegos,

te encuentren de pie,

asentado y firme sobre las rocas.

Y es como la piel de luz

que la lluvia nocturna

pinta sobre el cuerpo

porque no es cierto

que esté muy adentro,

podéis distinguirlo a simple vista

y, los días oscuros,

desprender, por escamas,

los trozos de marea,

la trama de la red

que la bajamar ha trenzado

para, cada mañana,

liberar los peces

y atrapar el agua.

La luz albina

Llueve barro rojo,

los dolores de otro continente

que rozan sobre los coches,

para que los niños escriban,

sobre los cristales,

con los dedos que no saben

coger los lápices.

Y el alma de la arcilla

trae el cantar de las ballenas

cuando, al cruzar el estrecho,

le salen al paso,

y como un abrazo espeso

se han llenado de palabras

como un manto sobre los cristales,

y la niebla.

Y a la ciudad le ha salido

una cabellera roja

sobre la luz albina,

o azul, según la marea.

Y es todo ese mismo sonido

desde el principio,

no sabe uno si es una partitura

o una herida en el papel,

pero es lo que siempre ocurre,

como si nuestro dolor,

el desvelo diario,

dejara ambos lados del continente

a la misma distancia,

como insuficiente herramienta

que, milenios después,

no supera la manta de aire

que respira el Estrecho.

¡Qué gran avance!
¡Qué importante
cambio el del hambre
por el tedio, el miedo,
y la angustia!
¡De la muerte arrebatada
por la búsqueda, imaginativa,
de la enfermedad!

Y es el mismo aluvión
que, desde las ramblas resecas,

un día cualquiera,

desemboca, colérico,

hacia el pensamiento azul,

como la ciudad

día a día,

como una piel erizada

de peligros

si la sabes ver de lejos,

que guarda la paz

durante un año

para erizarse en armas

en minutos y, desde los montes,

devolverle a un tiempo

—un golpe ronco

sobre la arena—

todos los torrentes ciegos

y los dolores que llovieron.

La tarde del Paseo

Esta tarde de verano

el Paseo del Parque desemboca,

como un meandro tropical,

en el lago del Puerto.

Bajo los árboles, en los puestos,

alguien ha echado, sobre la luz

de la tarde, sombreros de paja

y falsos faralaes,

como una red de plomo

que ha atrapado la historia

y evita mil años de relato.

Si pudiéramos, como narradores

omniscientes,

o mejor, como dioses distantes

leer los pensamientos,

sin intervenirlos

—es sabido que la luz de la mirada

deberá alterar cada partícula—

veríamos el rotundo sol

de la sabana,

el mordisco de la pasión

sobre la nieve fresca,

el dolor, arraigado y añejo,

que sigue patente

desde otro continente,

la magia de las flores

y de los pájaros

en las miradas de los niños,

y las campiñas verdes,

o rojas, sobre las alfombras

de la turba inundada.

Y todo ello, esta tarde,

es el cauce del paseo,

nudos que se cogen de la mano

de una red que filtra el tiempo

y se traba con las sombras

de los plátanos.

Ya dotados de ese poder,

como demonios del domingo,

podremos pescar el vapor,

el que va a Melilla, o cualquier otro

que quiera ensartar el horizonte,

es fácil, porque todo lo demás

—la sabana, la magia de los niños—

continuará en la historia sin nuestro cuidado

—qué duda cabe, esto es una ventaja—

y con tamaña presa

la trama se cargará de huidas.

Y, en este momento,

si se ha de tomar conciencia

de todo ello,

lo que está quieto,

y lo que está zarpando,

los dolores viejos,

y los que están por venir,

se podrá pensar,

como dios derrotado,

que no nos fue dado

levantar esa mirada

para conocer el cuadro

que, tal vez,

es una cuestión de fuerza

—o de medida—

pero si hemos de contar

una sola de las historias

—atar el foco—

y mirar parte a parte

habremos de renunciar,

sin remedio,

a todo aquello

que solo en su totalidad sucede.

La tentación

Podríamos hablar del asfalto,

y los coches,

y la ruda gramática de sus gases,

y de las madrugadas

y sus bares

donde se confinan y recluyen

dos tiros y mil heridas.

Y es negro, ahora

y treinta años después,

y luego no sé,

porque son cosas que, como yo,

no optan a la centena.

Y es negro cuando transparenta

la nieve si le cae encima,

como a otros la vida fría

si la gravedad no le asiste,

bien porque no se asienta,

o retumba entre las costuras de los copos.

Y no sé por qué,

será la lucha por la luz

de la selva de cemento

pero, será, entonces

que la ginebra, a borbotones,

pone orden en el torrente,

el que contigo navego,

y en nuestro argumento,

y es la transfusión de la alegría,

pero es también el tormento

y el castigo.

Y podríamos hablar

de que estoy solo y desarmado

entre la masa,

cuando se lleva el alma

y entrega las prisas,

y derroto a callejones oscuros

porque en el asfalto

no son posibles las raíces

y los aires, fríos o calcinados,

como tú con el pueblo,

empujan a todas partes,

cuando olvidaron

la rosa de los vientos.

¡Qué gran tentación,

la de la nieve negra, diríamos,

y los bares tibios

en las madrugadas

cuando el agua a presión

barre los sueños,

y la ira del aliento!

Pero no es cierto.

Reverbera la luz por las esquinas

y, es difícil de decir,

pero refulge por detrás de los párpados

y se vacía por el centro de la mirada

y la nieve, cuando llega,

viene a su casa,

como en el empedrado

de los pueblos que,

a lomos de mula vieja,

se trajeron los abuelos.

Y la duda es si me sobra sangre

para el torrente,

el sanguíneo

o el que contigo navego,

si tengo la luz

y la memoria de las olas,

si aún me es dado

pactar los tercios del dolor

con la ginebra o con el vino,

o si me falta cemento.

La trama

"Y no están los niños

revolviendo las piedras de la orilla,

ahora que son gemas transparentes.

Y no estamos tú y yo,

ni siquiera cuando nos miramos,

y, por eso, se nos queda ciego el cuadro."

Y usted se preguntará ahora

por qué gatera se ha metido en el poema

su novio de los noventa,

el de los dientes rotos

y las manos en los bolsillos,

de cuerpo encogido y frío,

y por qué son convocados,

también, como la canción dice,

es el colmo,

los hijos no nacidos.

Y el poema, que ha venido

a revolver las gemas de la orilla,

ausentes, como se ha dicho, los niños,

no ha dejado ciego el cuadro,

lo ha llenado de cerraduras

para mirar a su través.

Y si fuera usted alguien dispuesto,

o tuviera el arrojo del trazo,

debería cambiar esa pintura

y, en este punto, si fuéramos justos,

habríamos de suspender el relato

para que hiciera acopio de su pincel,

su lienzo y su paleta.

Y diría usted, entonces, que "tampoco

estamos cuando nos cogíamos de la mano

y, como una nota del pasado,

rompen, o se rinden,

los días que vivimos

y los rincones donde amamos"

—siga, va usted bien—

otra vez la misma gatera,

otra vez el túnel del tiempo,

o una honda del espacio,

le ha lanzado a los atardeceres

del Palo, o a las sombras de Huelin,

con una mano nueva tomando la suya

y siente usted —ya le digo, esto es así—

que trata de navegar con el casco perforado

o, si lo prefiere, lleva la poesía en su canasto

y, por todas partes, se filtra

y que por cada hueco penetra

el desierto del tiempo que arde,

el frío sólido del amor olvidado.

Y le ruego no me haga responsable,

yo solo prendí el fuego,

inicié el hilo, la reacción química

que, como es sabido, se acelera

con el calor y el cariño.

Y lo demás es cosa de la vida,

el crecimiento, ya sabe,

la rosa de los vientos

y el erizo de los caminos

que cada cual acierta a convocar

para invertir sus días.

Es lo que podemos concluir:

si algo son las palabras,

es material poroso,

el medio soluble del pensamiento

y, todo lo que yo le diga

llega a sus oídos oxidado

con la herrumbre, o el brillo,

de sus amores, logrados o eludidos,

y si nadie puede bañarse

dos veces en el mismo río,

no es posible el mismo poema,

ni aún si es único el momento.

Es por eso que escribo:

unas veces, con voz de yesca,

le digo al fuego

—prende, arde, habla—

y, otras, un golpe de inercia

me lanza lejos cuando leo,

al otro lado del espejo,

y tomo mis pinceles

y dibujo otros caminos

y pinto otro cuadro,

como si no estuviera en mi mano

detener el juego.

Y, señoría, si estamos a los hechos,

a su motivación,

confesaré que no sé por qué ocurre esto,

ni qué hilo me ata a la trama

pero en mi descargo diré

—ya sabe, el silencio es imposible—

que siempre lo siento

como algo pendiente de hacer.

Otra lengua

No moriré

cuando tú mueras,

o te marches

o dimitas o renuncies.

No es cierto.

Me abrazará la atardecida

y su dolor incandescente,

y, te lo confieso,

marcará una muesca

en el filo metálico del tiempo,

pero, como dijo el poeta,

se quedarán los pájaros cantando,

y las luces de la mañana

llamarán a la herramienta

y a la cadencia interna de tus pasos.

Y si no es la mía

la voz a ti debida,

esto es cierto,

todo lo que digo

se refugia en tus ladrillos

y, llegado el momento,

habrá de buscar no otra voz

sino otra lengua.

Y me preguntaré,

como tantos,

si esos ojos que ahora veo

son como aquellos,

si así soplaba el viento,

de levante, o caliente,

o si son las mismas estrellas

que llovían entonces

porque, desde ese momento

tendré que aprender

a mirar de nuevo.

Y seré una palabra

que se sana, golpe a golpe,

con apósitos de tiempo

sobre la herida de todo el cuerpo,

señalando a cada cosa

y llamándola por su nombre:

tú eres la soledad,

y tú la pérdida,

tú el universo desnudo,

y tú el viento que se oculta

tras las esquinas,

y tú un mundo de desaliento

que, lleno de etiquetas,

se queda sin manos,

o sin fuerzas,

para seguir matando.

Escrito está en mi alma

vuestro gesto,

ya se dijo,

pero seré, al final,

el naufragio de la calma,

las velas empapadas

de pasado sobre el espejo

sin nombres,

absorto, plegado

sobre el olvido,

que, cada mañana,

se somete a su mandato:

levántate y anda.

Mi variable

Ahora estoy seguro

de que aquí, en la Avenida,

bajo la sombra de los naranjos

y sus flores, he de declarar

una variable de entorno,

y asignarla con tu nombre.

Una vez hecho,

la dotaré con el alma de los vectores

para invocarte

con mis parámetros más tiernos.

Serán funciones

mías, o robadas de librerías ajenas,

ya sabes, escritas por manos sabias,

pequeños dioses que nos completan,

y les pondré nombres

nuevos que solo tú conoces.

Te podré querer así,

con estructuras iterativas

de código limpio,

como el martillo de la lluvia

que te permite, mientras,

seguir con la vida.

La variable será de entorno,

ya te digo,

y será conocida por todas las funciones,

ascendentes, descendentes,

locales o asíncronas,

que nos mueven

o nos circundan.

Invocaré desde la misma

el sol de esta primavera

de febrero,

y la luz, y su reflejo

sobre la luz negra del agua,

el vuelo de las gaviotas,

y otros argumentos

de tu objeto,

y ello a pesar de que,

como es sabido,

quedaré sin memoria,

y sin sentido,

cada vez que lo llame desde tu instancia.

Será por eso que la ciudad,

los autobuses azules,

los geranios sobre el puente,

el llanto rojo de las acacias,

la línea azul del horizonte

cuando la calle se rompe,

son simples registros,

posiciones de memoria

volátiles, que permanecen,

de alguna manera,

en la memoria efímera

aunque cambian de sitio

cien veces cada segundo.

Es por eso que, algún día,

quién sabe,

me dolerá el órgano

donde late la multitarea

y, por un momento, quedaré

suspendido, absorto

en mis procesos,

con todos mis demonios

lánguidos o desarmados,

viviendo, contigo, ese espacio

entre dos hercios

del hilo principal del tiempo.

Tiempo que circula

No ha sido voluntario

sino el lenguaje

de la noche y de los cuerpos

que los hace transitivos,

transitados con las carreteras

de las uñas.

Es el abrazo,

para continuar

sobre la misma arcilla

modelando una y otra vez

la misma figura,

y sus curvas, y sus bordes.

Y se ha de procurar

que sea máxima

la superficie de contacto,

como un camino

que se inicia arriba,

o delante,

puede ser en un beso,

y se resuelve en las plantas,

y entretanto es amigo

de las zarzas,

una enredadera que dejó

olvidadas las espinas

y el ánimo de crecimiento

y precipitó, caliente,

en un único latido

y, puede ser,

en un único arbusto.

Y entre medias

se quedará trabado el tiempo

para seguir durmiendo,

o para comenzar el sueño

con un martillo

que es ahora binario,

opaco y lento.

Pura lana de llama

y de intemperie

manta breve de brazos

capaz de cubrir

la extensión segura de los campos.

Rebelde nudo,

momento de tiempo

resistente a desatarse,

y cuando así se hace

es desgarro,

separación de sangre

de lo que fue unido

para una eternidad de segundos.

Y por ello buscan

el tiempo de nuevos abrazos,

covalencia terca

y caricia tierna

sobre la trama de los nexos,

y se lanzan al vacío

de las sábanas,

y buscan, suplican,

cuerpos solos mojados

bajo la lluvia

sin clemencia,

en esa soledad concreta

de madrugada previa,

de viento fuera

y reloj cierto.

Y por eso lanzan

las manos, implorantes

contra ese dolor

del tiempo que circula,

reconciliados en el instante,

refugiados, amparados,

como siempre,

bajo el techo

redimido del abrazo.

Calle nueva

El futuro ha llegado temprano.

Vino con su amanecida

y con sus máquinas,

y horadó, y le sacó a la tierra

sus raíces y sus luces.

Toda la tierra removida,

como un llanto desplazado,

sabe que perdió para siempre

la quietud originaria,

el silencio cultivado

en la edad apelmazada,

sin recursos y sin nombre,

y que, ahora que la cercan

con los muros,

siempre tendrá las ansias del desplome.

Ha llegado el futuro,

con sus máquinas,

en la amanecida.

Y parece una quimera

lo fácil que fue someter

el campo a las cotas

de la arquitectura

y de las calles.

Y ahora todo pertenece

al papel y al plano,

y amenaza con la altura

como el sol por la mañana

que viene para cambiar

de aire, de color y de aliento.

Y esta mañana,

al mediodía, ante la nueva calle

que se abre,

y sus heridas,

sientes que todo

ha perdido algo,

no sabes si es su dueño

o sus texturas,

como si el terreno

que todavía te sujeta

en pie, una herida

a la espera de sutura,

esperara morir ahora,

o comenzar a recoger

y cultivar, otra vez, semillas.

Es la nueva calle

que acomete las tierras rojas

y las flores que vienen creciendo

sin permiso ni palabras,

tercas en la mañana

contra las manos del hierro.

Y esta mañana,

será porque compartiste

con la tierra roja

los primeros pasos,

ya hace mucho tiempo,

y perseguiste

los arañazos del amor

y sus primeros arbustos,

te has sentido removido

y sin pasado,

como los terrones polvorientos,

y de ceniza.

Arquitectura redundante

Esta mañana,

en la amanecida

debí ocuparme,

como cada día

—acción imprescindible—

de construir el mar.

Debe ser el mar de todos,

el mar del que hizo castillos

y cultivó la orilla

y sus cangrejos,

y el mar de los que dibujaron

con la plata de los peces

aunque —esto es cierto—

no es dado confundir

lo que es con lo que nos da.

Y para completar la alquimia

debe ser el mar de los que amaron

desnudos entre sus aguas,

a sotavento de los vientos,

y de las miradas,

y el de las cenizas

en las corrientes

que un día fueron

la risa, o la angustia

en la argamasa del pan y de la vida.

Y, como Dios en su segundo día

habré de decidir si hacer descansar

las aguas —si este ha de ser

el material clave—

sobre la tierra seca

o el firmamento

y, si ha de ser lo segundo

habrá de establecerse

cómo habrán de mirarnos,

en adelante, los cielos

y sus estrellas.

Y para hacer el mar

creo que no hace falta

grandes masas de agua,

es más, ya se ha dicho,

acaso no fuera este el material

que haya de atrapar

su relato ni su alma

y, si fuera necesario,

más le cumpliría su empleo

en ahogar los dolores y sus faltas,

pero tendrá el tamaño del misterio

de los que allí perdieron la vida

y del desgarro de los que los esperan.

Pero qué importante

serán las olas de la orilla,

aunque fuera solo

para cabalgarlas

cogidos de las manos

y del aliento del levante.

Deberá ser profundo,

lo imprescindible para soportar

los vientos y las velas,

y poder tirar, al fondo,

las llaves.

Y al final ha de quedar pequeño,

solo hasta el horizonte,

y dejar a los espíritus

que saben volar

el mundo esférico

y las arquitecturas redundantes.

Y eso es todo,

Sería solo decirlo,

y que la mirada lo hiciera,

como cada día se hace

si no fuera por ese primer día,

antes de todo,

de tierra y firmamento

—abismo solo—

y esa duda, estable,

de dónde poner cada cosa:

el agua que nos forma,

el cielo que nos cubre,

y los abrazos que nos atan.

Índice

La fuente de la llamada 7

El Quince....................11

Como la luz o el agua....................14

No ha de parar....................17

Sobre el Aire 21

Levante en calma....................24

La misma materia 27

Mañana más 29

Acerca del Fuego 32

El descanso 35

Para no pensar....................38

El dolor se da un respiro....................40

Un juego de prendas 42

El estadillo de la tarde 45

La fuente del paseo 48

Qué extraña maldad 51

Sobre la tierra 53

Esquina abajo 56

El timbal de dos tiempos 59

Grava abandonada 62

El sueño 64

La Calzada 67

El vapor 70

El torpe empeño 74

Perdonen si no me descubro......................77

Septiembre 80

Café Central 83

Cómo habré llegado aquí.........................86

El barro entre los dedos 90

El dolor de las velas 93

La luz albina 96

La tarde del Paseo 99

La tentación 103

La trama..107

Otra lengua...111

Mi variable..114

Tiempo que circula 118

Calle nueva. 122

Arquitectura redundante 125